EL EMPLEADO DE LA MENTIRA

Por David Days

Introducción

Todo empezó el día que ella murió, cada palabra, cada consejo, cada risa, cada intento de mostrarme la verdad, comenzó a cobrar sentido. Pero para que me entiendan debo explicarles quién era ella... ella era mi esperanza.

-Tía Hope, no entiendo por qué te empeñas en hacer tu propio pan- decía ingenuo de pequeño.
-David, el pan que venden en la calle tiene muchos químicos, diseñados para matarnos lentamente, además me ejercito los brazos-

Así era ella, llena de vida y vigor, siempre trabajando, siempre investigando, los años son traicioneros y solo deterioran el cuerpo, y tarde o temprano nos llega un abril en el que ya no podemos hacer todo lo que nos apasionaba antes.

-¡Felíz cumpleaños Tía Hope! ¡Ya son 98!- dije emocionado mientras empujaba su silla de ruedas.

Ella me miraba y sonreía con los pocos dientes que le quedaban, pero hacía años que no la escuchaba hablar. -Tía, yo haría lo que sea por ayudarla a estar mejor- mi tía me miró asustada. -No no, eso no tía- me reía a carcajadas, siempre la pasé bien con ella. Conocimos en nuestro paseo a una señora, que tenía un primo que tenía un vecino, que decía conocer a un hombre que hacía milagros. Mi tía me miraba escéptica, ella parecía no creer en ese "pan de la calle". Terminamos nuestro paseo y la llevé a casa.

Mi cabeza daba vueltas por ese señor milagroso así que decidí buscarlo en la internet. "Javier el ángel" le llamaban los blogs, él bendecía objetos que ayudaban a curar un sin número de enfermedades. -¡ES LO QUE ELLA NECESITA!- grité sin darme cuenta. Mi hijo se despertó y fue a mi habitación.
-Papi, la tía Hope está tosiendo mucho de nuevo- dijo mientras frotaba sus ojos cansados.
-Gracias Matías, vamos a acostarla- me levanté de la silla, lo cargué y salí del estudio. Fuimos a la habitación de la tía Hope y allí estaba en su silla, en la oscuridad, tosiéndole a una biblia que intentaba leer.

-El otro día le pregunté sobre mi mamá y ella me señaló ese libro papá... ¿mi mamá está ahí adentro?-

-No Matías, tu mamá no tiene nada que ver con ese libro tonto, esas son cosas de la tía Hope- caminé hacia ella un poco molesto, le quité la biblia y la cargué hasta su cama. Ella solo me miraba con esa cara tan dulce y llena de experiencia, y mirándome se quedó dormida al instante.

-Papi ¿la tía Hope se va a morir como mi mamá?- no pude contestarle porque mis ojos se llenaron de lágrimas. Lo llevé a su habitación y le leí un cuento. Ahora más que nunca debía encontrar a ese tal Javier.

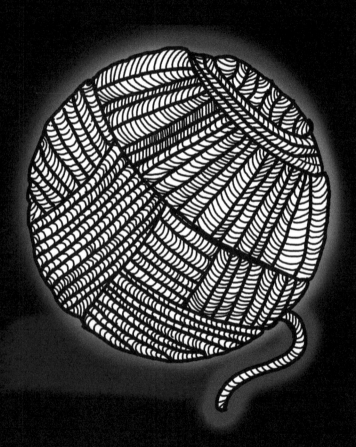

4

El Ovillo de Lana

A la mañana siguiente esperé a que llegara la enfermera que cuidaba a mi tía, llevé a Matías al jardín de infantes y pedí un permiso en el trabajo. Escuché que el tal Javier pasaría por nuestra ciudad, mi tía siempre me dijo que las cosas se estudian antes de hacerlas, así que fui a ver como "curaba" a los demás, antes de poner a mi bella tía Hope en sus manos. En una plaza ví un grupo grande de personas, tenía que ser él a quien llamaban el empleado de Dios.

-Angel Javier, por favor sane a mi hija- lloraba una madre desesperada.
-Por favor, señora, no me llame así, no soy un ángel, solo estoy cumpliendo el trabajo del que me envió- la gente parecía enloquecer con su humildad. -Su hija sufre de un mal grave ¿no? sus pulmones se endurecen cada día más-
-¡Sí, eso dicen los médicos!- la gente se asombraba de cómo había adivinado semejante cosa... debo

admitir que yo también me impresioné un poco.

-Por favor, tome este ovillo de lana, corte un trozo del largo del dedo índice de su hija y pídale que se lo trague, pero debe hacerlo creyendo que la va a sanar-

-¿QUE?!- mi incredulidad apenas se escuchaba entre el bullicio de la multitud, pero entonces ví como el mar de gente se abría y el señor ese se acercaba a mí, sentí algo dentro que se movió, tenía miedo, pero a la vez me emocioné un poco.

-Señor, le pido que por favor acompañe a la señora para que no les pase nada en el camino ni a ella ni al ovillo- la señora, no bien terminó Javier de dar sus "instrucciones", se aferró a mi brazo, y yo, más curioso que contento, la acompañé a su casa.

En el camino la señora venía hablando sin parar sobre su hija, sobre su enfermedad, sobre su fé, sobre cómo ella le había pedido a Dios un milagro y luego encontró sobre Javier en la internet. Me hizo pensar que tal vez mi tía Hope había orado para que su Dios la sanara y eso me llevó a encontrar al tal Javier... no, no podemos darle todo el crédito, a mí se me ocurrió encontrar a ese señor. Mientras la señora hablaba sin parar, un ladrón vino corriendo y tomó la bolsa de la señora, donde había guardado el ovillo. Yo corrí tras él toda una cuadra y lo alcancé en un callejón... y algo raro pasó... cuando lo alcancé empecé a golpearlo, sin control, él me devolvió la bolsa, y yo seguía golpeándolo, la señora, llorando, me golpeó con su bolsa y yo volví en mí, ví la sangre en mis manos y me asusté. La señora temerosa me agradeció y nos retiramos, dejando el cuerpo malherido del ladrón en ese callejón oscuro. -Discúlpeme, yo nunca me había portado así, mire, tengo un hijo de 4 años, y siempre le digo que la violencia no es la respuesta- la señora con miedo asintió con la cabeza, pero ya no iba colgada de mi brazo.

Por fin llegamos a casa de la señora y fuimos al cuarto de su hija, una niña de unos 16 años, 18 como mucho, postrada en una cama tosiendo, se veía pálida.
-Mi amor, deja ver tu dedito- la señora midió un trozo de hilo como le había dicho Javier, lo cortó y se lo dió a la niña. -Mi vida, por favor, trágatelo, esto es lo que te va a curar- la niña, desesperada,

se metió el hilo a la boca y con dificultad logró tragárselo... enseguida empezó a verse rara, como si le doliera el estómago, y empezó a respirar rápido, corrió al baño y su madre y yo la seguimos. Vomitó en el baño una pasta negra y burbujeante, ya yo ví que esa no es la solución para mi tía. Me alejé lentamente, iba a salir de la habitación cuando la escuché.

-¡Mami, puedo respirar!- me devolví y la niña respiraba a todo pulmón, sin toser, le había vuelto el color a su cara, era casi como un milagro... no, no, no, esas son tonterías de viejas, de seguro la lana estaba infundida con algún medicamento o algo.

-¿Señora, puedo ver el ovillo que le dió Javier?-

-Claro, es suyo, ya no lo necesito- pero cuando fue a buscarlo en la bolsa, el ovillo ya no estaba, buscamos a ver si se había caído en el cuarto, pero tampoco, la señora estaba muy alegre como para preocuparse, pero a mí sí me dió un poco de miedo, así que me dirigí a mi casa.

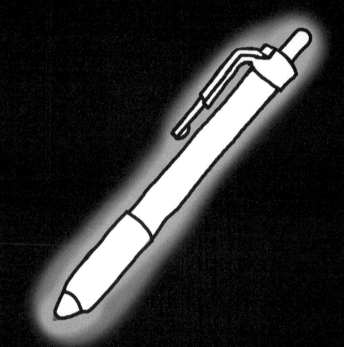

El Lapicero

Llegué a casa y me senté con Matías a hacer una actividad de la escuela. Mientras pensaba en todo lo que había pasado, la humildad de ese señor, el ovillo "mágico" que desapareció, la pasta de negra que vomitó la hija de la señora, era demasiado místico para mi gusto. Recuerdo que de pequeño, mi tía me llevaba a la iglesia, y allá dijeron que el asunto de Jesús era algo así, y que sus discípulos hicieron milagros y sanaban gente luego que él se murió...¿será?.

-Papi, ¿En qué piensas? Pon atención- me dí cuenta que estaba botando el pegamento por todas partes.

-Lo siento Matías, es que ví algo feo en la calle y me movió un poco el pensamiento-

-Pues... pues no veas cosas feas en la calle, y vamos a terminar este trabajo que es para mañana y al más lindo le darán puntos extra!- sonreí ante su capacidad de arreglar las situaciones y lo ayudé a terminar su trabajo, él, contento con el resultado, fue a ver televisión y yo subí donde la tía Hope.

-Hola, ¿sigues viva?- la tía Hope levantó la cabeza y me sonrió. -Mira, hoy fui a ver al tipo ese que dizque hace milagros, lo vi sanar a una niña- la tía Hope hacía sonidos molestos, como si no estuviera de acuerdo. -Ay tía, para ser una mujer de fé, como tú dices, crees poco en los milagros, tú solías contarme de los milagros de los amigos esos de Jesús, por qué este sería diferente, ah, dime- la tía Hope se veía enojada, su ceño fruncido y su sonrisa volteada me mandaron a callar de inmediato. -Lo siento tía Hope, yo solo quisiera que estés bien, tú eres lo único que me queda- ella sonrió y miró a la puerta. -Sí, sí, y Matías, pero si tú te mueres Matías se morirá contigo... y yo también, ambos te amamos, tu eres nuestra chica favorita- le dije mientras ocultaba mis lágrimas con cosquillas, ella se empezó a reír pero de inmediato empezó a toser. Matías vino corriendo y gritando.

-¡Papi! ¡Papi! La tía Ho... ah, ya estás aquí- Matías fue y se acostó con ella, ella lo abrazó y se quedaron dormidos los dos. Yo tenía que hacer lo que sea para que ella mejore, pero debía estar seguro.

Al día siguiente volví a la plaza donde me había encontrado a Javier el día anterior. La multitud era aún mayor, así que decidí escuchar a lo lejos. La señora que acompañé gritaba a los cuatro vientos cómo su hija había podido volver al colegio y jugaba como una niña normal, gracias a él.. De repente hubo un silencio, me paré en puntas para ver si lo alcanzaba a ver y parece que ya no estaba, para mi gran sorpresa, y casi mortal susto, se encontraba detrás de mí.

-¿Ahora cree?-
-Fíjese que fue impresionante lo que ví ayer, pero de ahí a que fuera un milagro, está un poco estirado, sí creo que usted conoce un tipo de medicina diferente, tal vez la niña de la señora no estaba tan grave de muerte, sino solo obstruída, y con el hilo, pues no sé, pero hey, estoy aquí de nuevo ¿no?-
-Señor, me cuesta ver su problema, pero sé que tiene un corazón que ha sufrido mucho y lo ha cerrado a creer en un poder mayor- la gente lo miraba embobada, como si no fuera obvio que yo no creía en lo que él hacía.

-Wow, ¿qué me delató?- dije burlándome en su cara.

-No es culpa de Dios que tu mujer no se salvara- me enojé, pero me quedé callado, no me conviene golpearlo frente a sus seguidores, entonces sin mirarme sacó un lapicero de su bolsillo y se lo pasó a una mujer que estaba a su lado. -Tu marido hace años que no puede hablar, te pido por favor que tomes este lapicero y escribas seis veces el número tres en su cuello. Hazlo y su voz volverá a él.

La señora, tomó el lapicero y se fue corriendo, yo lo miré molesto... y corrí tras ella. Seguí a la señora hasta su casa. Adentro, su marido preparaba el almuerzo, parecía contento, ella le explicó lo que había pasado y él se emocionó y se abrió el cuello de la camisa, ella entonces empezó a dibujar tres...es, y cuando llegó al sexto, el señor parecía como si la tinta le quemara, y tiró un grito como si estuviera muriendo, al gritar le salieron lágrimas negras, fue asqueroso, pero cuando pasó, el señor hablaba normal, su mujer lo abrazó y empezaron a dar gracias. Esto cada vez es más extraño.

Volví a mi casa. -Imagino que el lapicero también desapareció, porque así es como el tipo funciona. Pero me pregunto, ¿por qué tiene que ser un proceso tan asqueroso?- la tía Hope me miró acusadora. -No, tía, yo tendría que estar muy seguro para ponerte en manos de un curandero como ese, ya sabes que no confío en ese Dios tuyo, para quien aparentemente este tipo trabaja- mi tía me golpeó suave con su pie, sabía que le molesta que hable mal de sus creencias.

La Silla

Ya había pedido dos permisos en el trabajo para perseguir al loco ese, y ya no era ni siquiera divertido. Me fui a trabajar y me encuentro con una manifestación frente a mi oficina... otra manifestación. Esta vez pedían algo sobre la biblia en las escuelas o algún disparate, lo sorprendente era que ahí estaba él, sentado, callado, el muy fresco se subió a mi coche, debo admitir que me asustó porque mi coche tenía llave y lo abrió como si nada.

-Traela a verme esta tarde en la plaza-

-¿A... a... a quién?-

-A la señora que amas y que no quieres que muera-

-Pe...pe...pero ¿cómo...-

-Vé tranquilo a trabajar, iré a la plaza de tarde hoy-

Así como entró, así salió de mi coche, ¿qué fijación tiene el ángel ese conmigo? ¿Será que le gusto? Bueno, fui tranquilo a trabajar, ignorando la manifestación de hoy.

Cuando llegué a casa del trabajo Matías corrió hacia mí y lo cargué. -Papi hueles raro- yo lo bajé y me revisé, pero no olía a nada. La enfermera de la tía Hope pasó a mi lado y le pedí educadamente que me olfateara y ella tampoco olió nada raro. -Papi huele como los animalitos muertos de la calle- me resultó extraño así que de todas maneras me bañé antes de salir.

-Fíjate, no estoy insinuando nada, pero el tipo quiere que vaya contigo a verlo- la tía Hope movía la cabeza tan fuerte como podía. -No, tía, no le aceptaremos nada a ese loco, pero puedes venir conmigo y así nos burlamos entre los dos, hace unos días que no paseamos- la tía Hope asintió vencida, se veía que no le convencía la idea. La monté en su silla de ruedas, dejé a Matías con la vecina y rodamos hasta la plaza, allí estaba el gran Javier con su mirada pacífica y arrogante de siempre. Cuando mi tía Hope se acercó, se empezó a sentir mal y a toser. Para variar, él la vió y se asustó. -¿No había visto una de cerca o qué? Mira esta es la mujer que amo y no quiero que se vaya, es mi tía Hope- él la miró y no quiso parecer asustado, pero ella solo miraba hacia abajo. Mi hermosa tía, con la piel y el pelo ya completamente blancos y unos ojos azules brillantes, era tan hermosa, que en serio me ofendió su reacción. –Oigame, estoy aquí ¿qué quería con ella?–él me miró y se compuso, a mí sí me miró profundo.

–Con ella nada, es con usted, usted es quien debe creer, porque ella ya cree– me dijo sacando una silla de ruedas de un carro, este señor, cada día me sorprende más su locura. –Siéntala ahí y volverá a caminar– yo lo miré extrañado, me agaché al lado de la tía Hope y ella movía su cabeza, casi llorando, entonces me paré firme.
–Y...y... y... ¿quién le dijo a usted que yo quiero que camine? Si camina de nuevo de seguro que se va de mi casa, no, no, gracias, yo la prefiero ahí sentada– mi tía levantó la mirada y me sonrió. Otra señora, cuyo esposo era paralítico, no dudó en sentarlo en esa silla, y como si le hubiera quemado el trasero, el señor se levantó....sin pasta negra... interesante.

–Se me hace que era una silla de electrochoque– le decía a la tía Hope de camino a casa. Ella sonreía con mis ocurrencias, siempre le encantó que le hiciera chistes. -Tal vez creía que te hacías la paralítica igual que ese señor... un momento- me detuve y me agaché a su lado. -¿Te estás haciendo la paralítica?- dije entrecerrando los ojos, ella sonrió y asintió. -Ah, lo sabía, es solo para que te hagan todo, siempre fuiste muy inteligente-

Al llegar a casa, Matías cruzó corriendo y se sentó en el regazo de la tía Hope, yo los empujé a ambos hasta entrar a casa. -Gracias por el aventón tía Hope- Matías le dió un fuerte abrazo y buscó su mochila. -Papá, nuestro trabajo ganó el más lindo-
-Que bueno, te lo dije, eres un genio artístico-
-Sí, gracias a Dios-
-¿Que?!-
-Mamá siempre decía que había que dar gracias a Dios cuando nos pasaba algo bueno- tenía tantas cosas para decir, pero aun está muy pequeño, y creer en el Santa Claus judío lo ayudó mucho a no pensar en lo de su mamá, ya le diré la verdad cuando crezca.

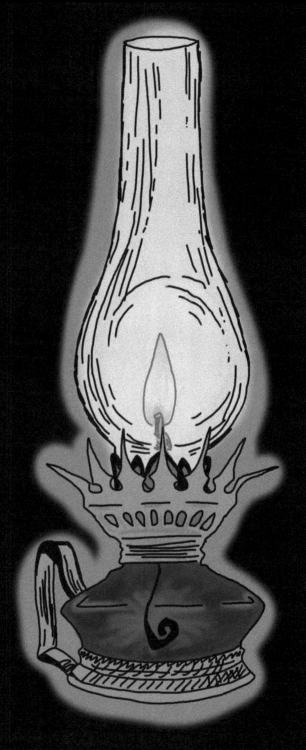

La Lámpara de Aceite

Otro día, y ya no me preocupaba el señor, ángel, o lo que sea. Pero la tos de la tía Hope era cada vez peor, cada vez se movía menos, pero aun con lo poco que se movía siempre la encontraba con la biblia en la mano, me imagino que ora en su cabeza, porque leerla ya no puede, no quiero ser cruel con ella, pero yo sé que pedirle a una "fuerza superior" que la proteja no sirve de nada. Fuí a trabajar, como un día normal, volví a casa, todo bien, pero en la puerta de mi casa, encontré una lámpara de aceite, me pareció curiosa porque el aceite era negro. Ay no, el tipo ese llegó a mi casa, pero él sabe donde trabajo, ¿se estará buscando una demanda? ¿Qué no sabe que mi firma trabaja para el gobierno? Tomé la lámpara cuidadosamente y la arrojé en la basura... pero sentí algo que me llamaba a ella. La saqué y tenía instrucciones, había que prenderla en un cuarto oscuro con la enferma adentro, yo... no... iba... a.... hacerlo.... Pero mi vecina de enfrente con quien a veces dejo a Matías pasó llorando.

-Hey vecina! ¿Qué le pasa?-

-Ay vecino, mi esposo enfermó de gravedad hace unos días, y no estoy lista para perderlo, fue tan repentino y no hay cura aparente- me entristeció verla perdiendo a su esposo, no quería que pasara por lo que yo pasé.

-Vecina, debo serle honesto, encontré esta lámpara frente a su puerta, y pensé que podría curar a mi tía con esto, pero creo que es para su esposo- la vecina me arrancó la lámpara de las manos y se la llevó a su casa, cuando oscureció, se escuchó un estruendo en su casa, escuché a la vecina gritar, y corrí a ver qué pasaba, pero cuando entré el hombre estaba de pie, y de sus oídos salía la pasta negra. Corrí de nuevo a la casa y me acosté con la tía Hope, admito que tuve mucho miedo.

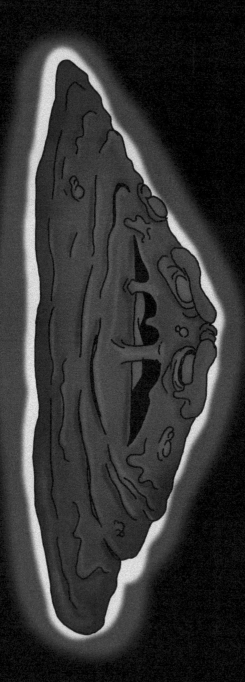

El Lodo

No sabía en qué me había metido y mucho menos cómo salir de esto. La verdad es que daría mi vida por volver atrás y evitar que mi esposa vaya sola en el auto, o por evitar que la tía Hope se enfermara. Pero algo me dice que ese señor aunque efectivo, no es la solución. La mañana siguiente bajé a desayunar, Matías estaba en la mesa comiendo su cereal y al verme en lugar de correr a mí, se espantó.

-Papi, ¿por qué tienes las manos negras?- un escalofrío corrió por mi cuerpo, miré mis manos y estaban limpias.

-Mis manos están limpias, Matías, ¿de qué hablas?-

-No papi, se ve muy feo, están negras y grasosas...y huelen feo- subí rápido al baño y metí las manos bajo la llave un rato, no voy a decir que oraba, más bien hablaba solo, la desesperación.

-Lo que sea que tengo en las manos, lo que sea que toqué, Matías puede verlo y yo no, esto debe de salir de mí, tiene que salir!- cerré la llave y mis manos seguían iguales, pero bajé y Matías me sonrió.

-Mucho mejor, papi- dijo mientras seguía comiendo su cereal. Pasé por casa de la vecina antes de irme al trabajo, ella al verme me abrazó llorando.

-Gracias David, cualquier otro se hubiera quedado la lámpara, pero gracias a que me la devolvió, ahora mi esposo está totalmente curado-

-No hay de qué, vecina, eso definitivamente era para él-

-Cierto, ¿no sabrá quién lo dejó en mi puerta?- yo me encogí de hombros, haciéndome el tonto.

-Ni idea, solo ví que estaba en su puerta, y ya sabe, de curioso fui a verlo y decía que curaba enfermos, y me lo cogí- la vecina me regaló otra sonrisa y entró a su casa, yo me monté en mi auto y me dirigí al trabajo.

De camino al trabajo me puse a pensar en la reacción que tuvo Javier al encontrarse con mi tía, era como si le tuviera miedo, pero conmigo él se muestra arrogante, como si fuera más importante que yo... y lo que más me molesta es su humildad, como que no le importa la fama, pero entonces hace sus despliegues de grandeza en frente de todos, de manera super misteriosa e impresionante. Mis pensamientos fueron detenidos por un fuerte golpe en mi coche. ¿Y ahora qué? ¿Otra manifestación?. Bajé la ventana y saqué la cabeza. Había un montón de gente golpeando mi carro. No era la manifestación usual, esta vez parecían las personas que usualmente rodean a Javier en la plaza, querían que saliera de mi coche....y yo NO iba a salir, claro está. Seguí despacio para no atropellar a ninguno, pues yo sé lo que es una demanda por atropello. Una vez en mi oficina mi jefe fue a verme, cosa que nunca hace.

-David, ¿qué le pasa a esa gente?-

-Pues no lo sé señor, usted sabe que todo el tiempo hay manifestantes en la puerta, no podemos hacer nada, libre expresión, ¿recuerda?-

-Sí, pero estos no están en contra de mi firma, están solo contra tí, y ahí sí me molesta, baja y trata con ellos a ver que quieren-

-Pero señor yo...-

-Baja o estás despedido- mi jefe azotó mi puerta y yo no tuve otra opción.

Bajé a hablar con los manifestantes. Una vez en medio de ellos no estaban tan agresivos, solo me reclamaban mi incredulidad, se habían enterado de la lámpara y de lo que hice con ella. Lo que más me enojó fue lo que el tal Javier tenía para decir.

-No has querido creer, sin bases ni fundamentos para desconfiar de lo que tus ojos han visto, tendré que darte donde más te duela para que entiendas a estas personas, hoy a las 8 de la noche, tu hijo va a enfermar de gravedad, en la plaza donde nos reunimos habrá un estanque de lodo, sumérgelo ahí y tu hijo sanará de inmediato- me enfurecí, claro que me enfurecí.

-Como te atrevas a tocar a mi hijo, te mato, ¿me oíste? te mato!-

-No te preocupes, Matías estará bien, siempre y cuando creas que el lodo va a sanarlo- me decía con su tranquilidad tan cínica.

-Si a mi hijo le pasa algo...-

-Nada le va a pasar si crees- con esto él, muy tranquilo se alejó con sus seguidores, ahora sí se desbordó su locura. Envié por Matías a la escuela y me lo traje a la oficina, lo puse a colorear y "dibujar nuevas leyes", hasta que se cansó y se durmió. En la tarde volvimos a casa y él estaba muy bien.

-...entonces el tipo ese, amenazó a Matías!- la tía Hope abrió los ojos en sorpresa, ella tampoco podía creerlo. -Dijo que él se enfermaría y que solo creyendo en su lodo mágico podría curarlo- la tía Hope frunció el ceño, jamás la había visto tan enojada. Con todas sus fuerzas se sentó en la cama y me señaló la puerta, yo fui por Matías y se lo traje. -Papi, me siento un poco mal, me duele mucho la cabeza y el cuerpo- me dijo Matías, se veía pálido y débil, aún faltaban tres minutos para las 8. No sabía si subirlo con la tía Hope o llevarlo al hospital. Matías había estado el día entero conmigo, y estaba bien, eso fue sin duda un voodoo raro que le hizo el señor ese, así que loco mata a loco. Lo subí con la tía Hope y ella lo abrazó fuerte. Efectivamente al dar las ocho en el reloj, Matías se desmayó, mi tía lo abrazó bien fuerte y empezó a tararear una canción que mi esposa cantaba todo el día, una de esas canciones de la iglesia. Me sentía tan impotente al ver a mi pequeño desmayado en los brazos de mi anciana tía, mientras ella le tarareaba como si estuviera dormido. De repente paró y le sonrió, y me señaló al cajón donde guardo su biblia, a este punto que haga lo que tenga que hacer, le pasé la biblia y ella la abrió y me la pasó devuelta. Estaba en un cuento de cuando Jesús sanó a la hija de un señor, que ya estaba muerta, mis ojos se llenaron de lágrimas ¿me estará diciendo que Matías murió? Entonces me empujó la biblia a la cara... quería que lo leyera. Leí el cuento y en cuanto leí la parte donde la niña revivió, Matías abrió sus ojitos.

-¿Papi? ¿Tía Hope? ¿Qué me pasó? Me siento como si me hubiera caído de la cama, tuve un sueño rarísimo, soñaba que me ahogaba en un lodo negro, pero que en medio de todo el lodo había una soga blanca, la agarré y escuché a mi mamá cantando- yo lo abracé y abracé a la tía Hope, esto tenía que acabar y tenía que acabar ya!

El Cuervo

Me levanté a la mañana siguiente dispuesto a partirle la cara al tal Javier. Me aseguré de que Matías estuviera bien, no lo llevé a la escuela, en cambio le dí un dinero extra a la enfermera de mi tía para que lo cuidara por hoy. Me dirigí furioso hacia la plaza, al llegar, allá estaba la multitud, como es lo usual esta semana, empujé a las personas hasta llegar al frente, pero Javier no estaba, en su lugar había un charco de la pasta negra asquerosa, que para variar apestaba a muerto... como había dicho Matías. Cerca del charco estaba la bata que llevaba Javier puesta todo el tiempo. Me paré en el centro y pregunté por él a toda voz. Hubo un silencio y la gente me miró. Un cuervo negro como la noche, con ojos azules vino volando hacia mí. No voy a entrar en disparates de decir que Javier se había vuelto un cuervo, eso es absurdo... pero tal vez era su mascota, porque se posó sobre la bata de Javier y me miraba, con esos extraños ojos penetrantes. Ok, lo diré, pateé al cuervo, ¿y qué? él pateó a mi hijo, o algo así. Me alejé aún molesto de allí antes de que aparezca la sociedad protectora de animales, porque a ellos le tengo más miedo que a Javier. Al llegar a la oficina me dediqué a trabajar y a olvidar al señor ese. Llamaba constantemente a casa a preguntar por Matías y por la tía Hope, y ambos estaban bien. Tal vez ya Javier se había ido y todo había vuelto a la normalidad... entonces tocaron a mi ventana. Era el cuervo de ojos azules, que taladraba mi ventana con su pico, me paré a ahuyentarlo, pero cuando me acerqué a la ventana ya no estaba, revisé el vidrio a ver si lo había estrellado un poco y había un número...44... como si lo hubiera tallado en el vidrio... o tal vez había un insecto en el vidrio y el pobre cuervo trataba de atraparlo y es todo una coincidencia. Terminé mi trabajo acumulado y volví a casa en la noche. A mi casa... la #44.... ay no.

37

La Hoja del Naranjo

La enfermera me esperaba con cara preocupada. -Señor David, qué bueno que llegó, es la señora Hope, justo iba a llamarlo- subí corriendo al cuarto de la tía Hope. Matías estaba afuera del cuarto sentado en el suelo llorando. Intenté acercarme a él y se fue corriendo. Entonces entré al cuarto de la tía Hope y ella estaba sentada en su silla de espaldas a mí, no la escuchaba toser, todo se veía normal.

-Tía, ¿qué está pasando? ¿Por qué todos están.... QUE CLASE DE DIABLOS?!- volteé su silla para hablar con ella y parecía poseída, su mandíbula parecía haberse caído... y desencajado, y sus ojos eran de un color blanco leche, respiraba rápido, así que seguía viva. -¡Tía Hope! ¡Tía Hope! Dime qué hacer- decía lloroso ante la persona que me crió toda la vida. En la maldita ventana ví entonces al maldito cuervo, lo único que quería era salvar a la tía Hope, así que me rendí y lo dejé entrar. El cuervo traía en el pico una hoja del naranjo, me imagino que quería que yo se la diera a comer o no sé, la tomé en mis manos y me acerqué temeroso hacia la tía Hope, quien yacía inmóvil en su silla. Bajé la cabeza, mis emociones me ganaron y empecé a llorar.

-No lo hagas amor, mi tiempo llegó, y nada bueno sale de burlar el tiempo que Dios tiene para tí, él es el único que sabe lo que hace, no le hagas caso al empleado de la mentira, Dios te enseñará cómo combatirlo- la tía Hope por un minuto estuvo lúcida, brillante, como era en su juventud, luego de decirme esto y acariciar mi mejilla se desmayó. Yo miré la hoja de naranjo en mi mano y... la arrojé al suelo y la pisé. Entonces sentí como la tía Hope daba su último respiro. Miré atrás y el cuervo no estaba, había una paz en esa habitación, como si fuera el único lugar del mundo donde no podían entrar los problemas. Llamé a Matías y él también se calmó al entrar, ya no tenía miedo, aunque lloraba por su querida tía Hope.
-Ella sabía que se iba a morir, me lo dijo temprano, dijo que el señor de abajo había mandado por ella, pero que nuestro Dios no dejaría que se la llevara-

-Qué Dios ni Dios- dije molesto entre mi llanto. -Yo no dejé que se la llevará-

-Papi, tal vez Dios te usó- no quería gritarle a Matías, y tal vez tenía razón, todo dentro de mí quería darle esa hoja, atragantársela con mis propias manos, pero la había tirado al piso y la había pisado. Podría pensar que Dios sí tenía que ver en todo eso. Matías sacó la biblia de la tía Hope y me la pasó.

-¿Papi, me lees una historia como hacía mami?- dijo triste, acostado junto al cuerpo de la tía Hope. Yo no quería contradecirlo pues estaba más calmado, así que abrí la biblia en cualquier lugar y le leí una de las historias de Jesús.

El mismo Cuervo

Ya han pasado cinco años desde la muerte de mi tía Hope. Yo volví a ir a la iglesia, no es difícil creer cuando has visto lo que yo he visto, y cómo Dios libró a mi familia. Aún no entiendo cómo, ni qué pasó realmente, pero sé que mi familia no tiene nada que ver porque nunca nos ligamos a esa práctica de ese señor.

Al cumplirse los 5 años de la muerte de tía Hope, fuimos a verla al cementerio mi hijo y yo, ya Matías tiene 9 años y recordaba muy poco de la muerte... o de la vida de mi tía.
-Papi, entonces ella no hablaba- me decía mientras miraba fijo la lápida.
-No, cuando tenías dos años empezó a perder la voz, y cuando tu madre murió un año después, dejó de hablar por completo, ella la quería mucho-
-¿Y cómo dices que jugaba con ella?-
-Eso sabrás tú Matías, yo sí sentía que me hablaba, y teníamos largas conversaciones... yo le contaba

todo- dije poniendo mi mano sobre su lápida. En seguida Matías se tapó la nariz. Le pregunté qué le pasaba, yo no olía nada y él se la destapó. Tal vez solo lloraba. Lo quise tomar de la mano pero él no quería tocarme, nos subimos al auto y él, incluso, abrió las ventanas.

Le había comprado una bicicleta a Matías a los siete años, para que fuera solo al colegio, que no quedaba tan lejos. Resulta que después de ese día en el cementerio, Matías iba diario antes de la escuela sin que yo me diera cuenta. Aparentemente, en el cementerio, Matías vió un cuervo de ojos azules, le pareció raro y se obsesionó con él. Lo perseguía a diario y siempre desaparecía en un lugar diferente. Pero al desaparecer él se iba a la escuela. Un día me llamaron de la escuela porque Matías estaba llegando tarde todos los días a clases, pero yo lo veía salir temprano de casa. Así que un día lo seguí.

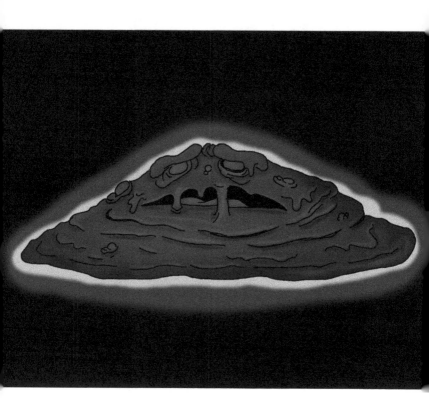

El mismo Lodo

Matías se despidió de mí en la mañana y lo dejé salir en su bicicleta sin decirle nada, entonces lo seguí en mi auto hasta el cementerio, cerca de la tumba de la tía Hope... ahí lo ví, el mismo cuervo de aquella semana de infierno que culminó con la muerte de mi adorada tía. Y veía como mi hijo lo seguía feliz y emocionado. Se detuvo en la plaza, la misma plaza donde Javier se reunía con su multitud. El cuervo se dejó alcanzar y Matías lo agarró, pero salí del carro a tiempo, cuando me vió lo soltó de inmediato.

-¡Papi! ¿Qué haces aquí?-

-No, Matías, ¿Qué haces tú aquí? Se supone que la bici era para ir a la escuela-

-Es que llevo días persiguiendo a ese lindo cuervo y siempre se escapa, pero hoy lo pude agarrar, pero guácala, mira cómo me dejó las manos- mi corazón se detuvo un instante y sentí un frío mortal recorrer mi cuerpo... sus manos estaban limpias, yo no veía nada. -Mira papi, están todas sucias y huelen a porquería, ese cuervo de seguro busca en los zafacones, o come de los muertos del cementerio, porque a eso es que huele- yo tomé a mi hijo y lo abracé, fuí con él a la fuente del parque y él intentó lavarse pero el sucio no salía, entonces empezó a asustarse. Yo sumergí mis manos con las suyas y las froté bajo el agua.

-Repite conmigo Matías: Señor Jesús, gracias por que me has dejado llegar sano hasta aquí y perdóname por desviarme del camino, límpiame ahora y ayúdame a no desviarme para no caer denuevo en la podredumbre- Matías se rió, pero yo hablaba en serio, él se dió cuenta de mi seriedad, cerró sus ojitos y repitió exactamente lo que yo había dicho. Cuando sacó sus manos las vió y se sorprendió.

-¡Están limpias, papi, gracias!-

-Pero es en serio no quiero que vuelvas a perseguir cuervos y menos a ese-

-¿Por qué? ¿Qué pasa con "ese" cuervo?-

-Tal vez no recuerdas porque estabas bien pequeño, pero un señor vino en la semana antes que la tía Hope muriera y sanó a mucha gente de forma muy rara, y a tí casi te mata, y desapareció aquí en esta plaza, donde encontré a ese cuervo, que me persiguió y adonde iba el cuervo lo perseguía la calamidad-

-La calami... qué?-

-Cosas malas pasaban-

-Papi, ¿hueles eso?- miramos detrás de nosotros y empezó a formarse un charco de lodo, el charco crecía, y mientras más crecía, el centro tomaba una tonalidad negruzca. Matías gritó de terror, yo lo cargué y lo arrojé dentro del carro. -Papi, mi bici- volteamos y la bici era tragada por el charco, que aparentemente se hacía más y más profundo. Encendí el auto y nos fuimos de ahí lo más rápido posible. Regresamos a casa y Matías se veía alterado. -Papi, tengo miedo, ¿y si ahora el cuervo me persigue a mí?-

-No puede hacerlo porque tú perteneces a papa Dios, ese cuervo apareció en una etapa de mi vida donde no quería creer en nada-

-Pero ¿por qué?-

-Creo que tienes edad para saberlo, un día cuando tenías solo tres añitos, nos preparábamos para ir a la iglesia y a tu mamá le tocaba participar en el servicio, pero tú te vomitaste encima y yo me quedé a cambiarte de ropa, tu mamá decidió irse sola y yo le pedí a Dios que la guardara y la protegiera en el camino- mis ojos se llenaron de lágrimas.

-Ese día la chocaron, ¿no?- dijo Matías muy serio.

-Sí Matías, así murió ella, yo entendía que Dios no la había protegido como le pedí y me enojé con él, pero la tía Hope me dijo algo antes de morir que abrió mis ojos... me dijo "mi tiempo llegó, y nada bueno sale de burlar el tiempo que Dios tiene para tí, él es el único que sabe lo que hace"-

-Papi, tal vez, Dios nos salvó a nosotros de morir en ese accidente con ella, tal vez Dios me hizo vomitar para que nos quedáramos- sonreí ante su infinita capacidad de arreglar las cosas y lo abracé.

-Eso fue exactamente lo que pasó-

Luego de un rato en casa, preparábamos el almuerzo y escuchamos a la policía en la calle. Matías se estampó emocionado a la ventana, nunca había visto a la policía en acción. Fueron a la casa de la vecina de enfrente y la sacaron a una ambulancia, no veía al vecino salir, me preguntaba qué pasaba, así que dejé a Matías dentro y crucé a ver. Pero claro, por mirón, me toma la policía para cuestionarme... y aquí estamos señores oficiales.

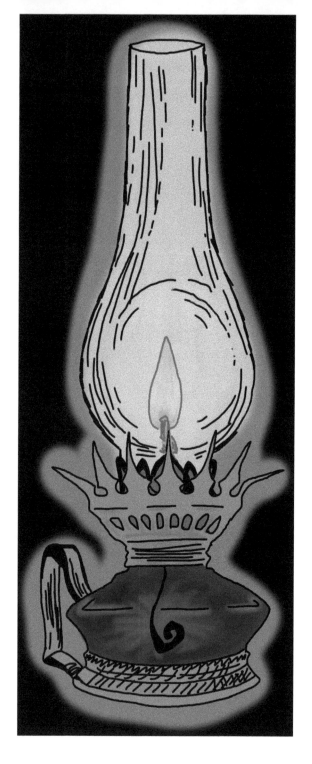

La misma Lámpara de Aceite

-Ok, entonces ¿ahora puede responder a la pregunta que le hicimos?-

-Lo siento oficial, ¿cuál era?-

-¡Ugh! Que si ha visto algún movimiento sospechoso en casa de sus vecinos recientemente- dijo el oficial golpeando la mesa cansado de escuchar la historia de David.

-¿No escuchaste su historia?- decía el otro oficial limpiando sus lágrimas y sacudiendo su nariz con su pañuelo. -Él le regaló la lámpara a su vecina para curar a su esposo, creo que deberíamos investigar por ahí-

-Ahora tú te vas a creer los inventos de este... este, loco!- David, convencido de que ya había dicho toda la verdad, se paró y salió de la comisaría, fue a su casa donde lo esperaba su hijo.

-¿Te metieron en la cárcel? ¿Tenías un compañero de celda? ¿Tenía un nombre cool como Jeff, o Pancho o Eustaquio?-

-No, no y no, solo fuí a compartir mi historia con la policía, querían saber si había visto algo raro con los vecinos, parece que el vecino se alocó y la golpeó, es todo lo que me dicen-

-Papi, ¿y si vamos a investigar? Podría ser divertido- dijo Matías con sus ojos brillosos.

-¿Sabes qué sería aún más divertido?- Matías lo miraba emocionado. -Hacer tu tarea y preocuparte por tus asuntos- Matías sonrió decepcionado pero a la vez divertido por la broma y se fue a hacer sus deberes.

Pero David se quedó pensando en lo que había dicho su hijo, tal vez él había vivido todo esto para ayudar a terminar con el trabajo de ese empleado de la mentira, haciéndose pasar por un enviado del cielo, para hacer calamidades. Aún no tenía pruebas, pero sentía que la lámpara de Javier estaba vinculada al arrebato de su vecino.

Ya en la noche no aguantó y se fue al hospital donde tenían interna a su vecina.

-Hola vecina, perdone el atrevimiento, pero sabe lo curioso que soy ¿qué pasó?-

-Ay vecino si le cuento, ¿recuerda hace cinco años, que mi esposo enfermó y casi muere, hasta que usted me dió la lámpara?-

-Claro, si después su esposo quedó como nuevo-

-Efectivamente era otro, era una persona nueva, se volvió agresivo, bebía mucho, hasta estuvo preso un tiempito. Aveces pienso que hubiera sido mejor que se muriera en ese momento para que no se convirtiera en lo que es hoy, tengo entendido que lo arrestaron-

-Pero claro vecina, mire como me la dejó- dijo David acariciando su rostro magullado. Ella volvió a descansar y David se dirigió a su casa. Se quedó pensando en lo que su tía le había dicho "nada bueno sale de burlar el tiempo que Dios tiene para tí" ¿y si tal vez su esposa iba a hacer algo malo también y Dios evitó que lo hiciera? ¿o alguien iba a hacer algo peor? Entonces recordó que el vecino no fue el único que burló a la muerte esa semana.

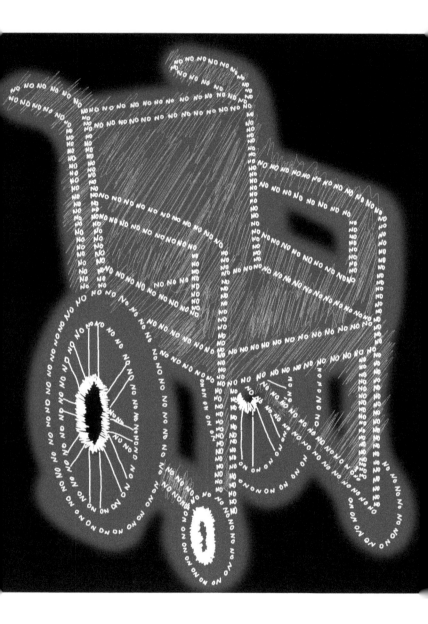

58

La misma Silla

Ya sabía que la policía no iba a tomarlo en cuenta, pero debía investigar si los demás que se salvaron también se habían vuelto en contra de sus familias. Empezó a buscar noticias de ataques violentos de los últimos cinco años. Pero no encontró nada. Al día siguiente llevó a Matías al colegio y se dirigió a la plaza un momento, antes de ir al trabajo. Se encontró una señora que lloraba desconsolada.

-Hola, ¿qué le pasa?- dijo David poniendo su mano en el hombro de la señora.

-Usted... usted!- gritó la señora desconsolada quitándose la mano de David de encima. David la miró extrañado y ella lo veía con odio y tristeza.

-Sí, yo, ¿la conozco?-

-Debería, usted arruinó mi vida, ¿por qué?-

-Lo siento señora, soy abogado y escucho eso mucho más de lo que pensaría, tendrá que ser más específica si quiere una respuesta- dijo David tratando de quitarle la seriedad a ese encuentro tan sombrío.

-Hace cinco años usted se apareció en esta plaza, con una vieja en silla de ruedas y...-

-NO! No le digas así, se llamaba Hope y no estaba vieja, estaba... madurita-

-Lo que sea, un curandero te dijo que la sentaras en una silla que había traído y...-

-Ah sí, usted es la mujer del señor que sí se sentó!- la señora se estaba cansando de las interrupciones de David.

-Sí... mi esposo...-

-Ay no, ¿a usted también le pasó algo?-

-MI MA... mi matrimonio se destruyó por su culpa, en el momento que mi esposo dejó la silla de ruedas empezó a engañarme con cuanta mujer se le pasaba por el frente, yo intenté hacer la vista a un lado, pero al final me dejó, él decía que ya yo no hacía nada por él, pero es que él ya no estaba en la silla, él podía hacer sus cosas-

-Muy triste su historia sí, pero... ¿qué tengo que ver yo?-

-Esa silla era para su vie...- David la miró amenazante. -Para su madurita, y usted se negó-

-Me disculpa, pero yo nunca le dije a usted ni a nadie que utilizara las cosas de ese señor, ¿sabe? aveces Dios permite que estemos enfermos porque es lo que necesitamos para estar bien ¿su esposo sufría de algo más?-

-No... no, solo eso, que no podía caminar, luego estaba muy saludable- la mujer se quedó pensando en lo que David le había dicho, él se levantó y le dió unas palmadas en el hombro.

-Pues le convenía más dejarlo en la silla-

David se subió a su auto y se fue a trabajar. Pensando que no solo habían resultados violentos al burlar el plan de Dios, sino de todo tipo.

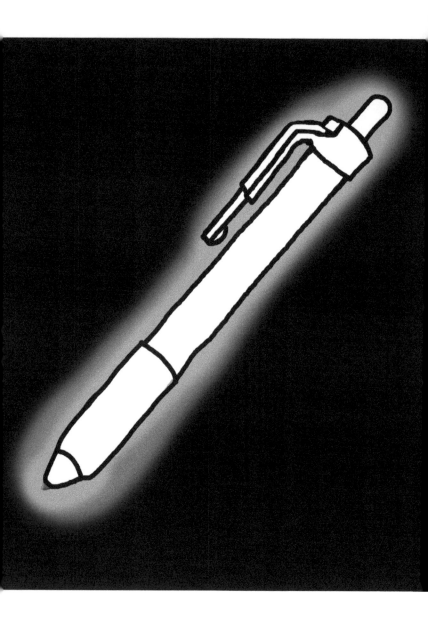

El mismo Lapicero

-¿Papi, no recuerdas a nadie más que haya hablado con el señor del cuervo en esa semana que estuvo aquí?-

-Matías...-

-Ya hice todos mis deberes, ya limpié mi habitación y hasta jugué un poco, ahora quiero ayudarte- David se rió ante la insistencia de su hijo.

-Ok, yo escuché que el señor ese venía y fui a ver qué era lo que hacía, y seguí a las dos primeras personas que curó... una era una niñita ahí y el otro era... ¡UN SEÑOR! ¡Hay que investigar al señor! Era un señor que no podía hablar y él le dió un lapicero a su esposa para que escribiera en su cuello... algo, no recuerdo, pero yo la seguí a su casa- David recordaba perfectamente lo que la mujer debía escribir y lo que vió en esa casa, pero Matías solo tenía 9 años.

-Pues tenemos que ir a ver cómo están- dijo Matías tomando su mochila. David lo jaló por la mochila y lo sentó en el sofá.

-No Matías, yo iré a ver cómo están, tú te quedas justo aquí, esto no es para niños- Matías se cruzó de brazos, pero después de todo lo que había pasado había aprendido a ser un niño obediente.

David tomó su abrigo y se encaminó a la casa de aquella señora que tomó el lapicero. En el camino se hizo muy de noche. No se escuchaba nada más que los pasos de David en la calle húmeda. De repente se escuchó un aleteo brusco, David sabía que el cuervo lo perseguía, y que seguramente ÉL lo había enviado. Llegó a casa de la señora y una vez más se asomó por la ventana. La señora estaba ahí con su marido, parecía nerviosa, ¿pero qué esposa no lo está a veces? todo parecía estar bien, entonces el señor se levantó y David pudo verlo bien. Tenía todo el cuello y los brazos tatuados, casi ni se veían los seis tres que la señora le había escrito con el dichoso lapicero, entonces David lo reconoció. Cuando estaba buscando sobre los crímenes de los últimos años vió que ese señor había alcanzado rápidamente la jefatura de la pandilla más peligrosa del estado. Sus discursos y sus manifestaciones violentas lo llevaron rápidamente a ganarse a los pandilleros, reclutar decenas de matones y sobornar a muchos policías. Y pensar que era un amo de casa cuando era mudo, feliz y atento.

David volvió a su casa y Matías lo esperaba estampado en la ventana. -¡PAPI! ¿Qué encontraste? ¿También golpeaba a su esposa?-

-No Matías, este sí la quiere mucho- Matías se decepcionó, no porque quisiera que golpearan a alguien, sino porque sentía que ya no tenían más pistas. -Pero ahora que puede hablar es un malvado pandillero que convence a los jovencitos de convertirse en malvados pandilleros... tenías razón- Matías se alarmó por un instante, y bajó la cabeza, pero luego brincaba por la habitación, gritando que era el mejor detective del mundo. Es lindo que no entienda la gravedad del asunto y David también quería proteger lo que quedaba de su inocencia.

-Papi, ya sabes lo que tienes que hacer, tienes que encontrar a ese señor, ya no puedes hacer que mueran los que tenían que morir, pero puedes hacer que deje de salvar a las malas personas que harán desastres!- David cargó a Matías, a duras penas, porque ya está grandecito. Y esa noche ambos durmieron tranquilos en el cuarto de la tía Hope.

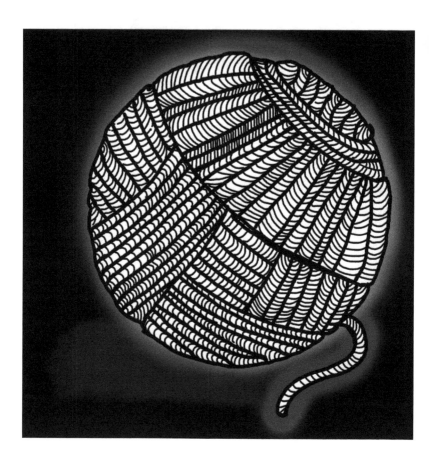

El mismo Ovillo de Lana

En el camino a la escuela, Matías insistía con que algo debió de pasar con la niña que se comió el hilo, porque algo pasaba con todos los que no se morían cuando Dios decía. David le discutía que era una jovencita y que no era mucho lo que podía hacer que fuera de importancia, que en lo que debía concentrarse era en encontrar a Javier, luego de darle la dirección del pandillero a las autoridades.

-Papi, pero las niñas son raras y mientras más grandes más raras, deberías ir a ver, la señora de seguro se acuerda de tí- entonces David recordó cuando perdió el control con el ladrón de la cartera de esa señora.

-Sí, de seguro me recuerda... ok, para que estés tranquilo pasaré antes de ir al trabajo y te cuento cuando llegue a casa, ¿sí?-

Matías asintió y fue tranquilo a la escuela, y David tomó rumbo a la casa de la señora del hilo. Al llegar tocó la puerta y esta se abrió sola. Entró y no veía a nadie.

-Buenos días, me llamo David, nos conocimos hace cinco años en la plaza, ¿hay alguien en casa?- nadie le respondió, entonces siguió caminando, recordaba exactamente dónde quedaba el cuarto de la niña, la puerta estaba cerrada, intentó abrirla y la señora salió corriendo de la habitación de al lado.

-¿Está loco? ¡No la deje salir!-

-Hola señora. ¿me recuerda?- dijo David muy sonriente ignorando lo que pasaba en esa casa.

-Claro que lo recuerdo, y usted no busca nada en esta casa- la señora entonces recordó con la fuerza que David persiguió, atrapó y golpeó a quien robó su cartera. -Bueno, tal vez pueda ayudarme señor, alguien tiene que poder agarrarla-

-¿Agarrar a quién?- dijo David asustado.

-Mi hija, ¿recuerda? la que...-

-La que se tenía que morir... ay no, Matías tenía razón-

-¿Quién?-

-Mi hijo, no importa, continúe-

-Bueno, mi hija, luego que se sanó, parecía una niña normal, tranquila, al año siguiente se graduó de bachiller, pero al entrar en la universidad se unió a un culto raro, yo intenté hablar con ella, pero parecía poseída, quemaba cosas, mataba animalitos y hablaba raro, al punto que dejó la universidad y la tuve que encerrar en su cuarto-

-Pero ¿por qué?- decía David mirando la puerta del cuarto de la niña.

-Se volvió agresiva, y muy fuerte, intenté internarla en un centro psiquiátrico, pero era más fuerte que los enfermeros que vinieron por ella, tal vez usted pueda, ¿recuerda lo que le hizo al ladrón? usted es fuerte y rápido-

-Eh... bueno...- David lo pensó un momento, sin muchas ganas, tal vez Dios le había dado esa agilidad y esa fuerza sobrehumana en ese momento frente a la señora para que ella supiera que él podría ayudarla. David oró un momento, pidió que Dios lo proteja y lo cubra antes de entrar al cuarto de la niña, pidió que le mostrara lo que tenía que hacer, y cómo enfrentarse a ella... porque a los golpes, con una chiquilla, estaba difícil.

David entró y la muchacha estaba sentada en la cama, normal, jugando con el ovillo de Lana. Todo parecía estar bien, entonces se detuvo a mirar el cuarto, las paredes estaban arañadas, sangre salpicada en el piso y las paredes, los muebles rotos, la ropa por todas partes, como si hubiera explotado algo. David se acercó a la chica y se sentó a su lado. Ella lo miró con dulzura, como que nada pasaba y seguía jugando con el ovillo.

-Wow, amiguita, no sabes lo que tu mamá y yo buscamos este ovillo hace unos años- David le quitó el ovillo de las manos y miró a la mamá que se encontraba en la puerta, se lo enseñó y lo agitaba en el aire. -¡Mire, apareció, y creíamos que se había desvanecido!- David miró en su mano y el ovillo no estaba, miró a la madre y estaba pálida, volteó a ver a la chica y su cara estaba de cabeza. Se espantó y se alejó de ella, ella había crecido uñas largas con las que se estampó en la pared y la escalaba como si fuera un lagarto. David tuvo mucho miedo, solo había visto esas cosas en las películas, pero sabía que quien lo acompañaba a él, era más fuerte que todas esas cosas.

David tomó valor y se paró frente a la muchacha que lo miraba desde arriba de la pared. Le sostuvo la mirada, aunque tenía miedo, aunque sudaba frío, aunque quería irse a su casa. La chica bajó de la pared y se retorcía en el piso. En ese momento David sintió una fuerza que le daba paz, que lo tranquilizó, y oyó una voz parecida a la de Matías que le decía, "Ora por ella, deja que se vaya". David dudó de lo que estaba pasando y retrocedió, entonces la chica gruñó y volvió a subir a la pared, David aprovechó que se alejó de él y corrió hacia la puerta y la cerró con seguro.

-Bueno señora, ya veo su problema, pero su niña no necesita un psiquiatra ¡sino un cura!... o una ametralladora si me disculpa- dijo David alarmado.

-Yo lo sé, créeme que me arrepiento de que se salvara aquella vez, hubiéramos sufrido menos las dos, yo no estaba preparada para perder a mi hija, pero la perdí de todos modos... y peor. Intenté... pues... terminar con su sufrimiento, pero no se muere- dijo la madre temblando. David miraba la puerta del cuarto y pensaba en lo que había dicho la voz, tomó valor, respiró profundo y entró de nuevo y cerró la puerta detrás de él.

-Tú y yo vamos a hablar, jovencita- dijo con la voz medio cortada por el miedo. La chica subida en la pared bajó y se paró frente a él aun con la cara volteada. Hablaba cosas sin sentido en un lenguaje que David no conocía y que no parecía humano. -No no, shhh, cállate, necesito que dejes a esa niña en paz, y a esta familia descansar-

-NO- dijo la chica con una voz grave y arenosa.

-Ay santo ¿que es esto?!- dijo David con miedo, y

entonces la chica sonrió y se acercó más a él.

-No, párate ahí, yo tal vez no creí durante un corto tiempo, pero yo sé que lo que a tí te pasó, no es la primera vez que pasa y que al Dios que yo le sirvo, no le es nada mandarte al sitio de donde viniste, no es justo que hayas tomado el cuerpo de esa niña que se estaba muriendo- la chica se espantó y lo miró asustada y retrocedió un poco. David entendió entonces que iba por buen camino. -Señor mi Dios, gracias por ponerme en el camino de esta familia, gracias por darme el valor y la fuerza para enfrentarme a esto que en cierto modo ayudé a provocar, por no evitarlo, perdóname por ser tan ingenuo, por no advertir a la madre de esta chiquita tuya, por dejar que ella llegara a este punto- la chica se empezó a retorcer, lloraba y gritaba, la puerta se empezó a mover, como si su madre quisiera entrar. -Padre, que sea tu voluntad, pero por favor libera a esta pequeña, solo tú tienes el poder de arreglar todo este embrollo, perdona lo que ella haya hecho y aceptala contigo- la chica se calmó, su cara era normal denuevo, estaba tendida en el piso, igual de pálida y joven que como él la había encontrado hace cinco años.

La puerta se abrió, su madre corrió hacia ella y la abrazó, ella abrió los ojos y miró a David.

-Gracias- y murió. La madre la abrazó fuerte y lloró sobre el cuerpo de su hija. David se desmoronó en piso, nunca había tenido tanto miedo en toda su vida, bueno, solo la vez que Matías se enfermó de muerte. La señora entonces lo abrazó y le agradeció por todo, ella había escuchado como él había pedido perdón por su hija y que fuera aceptada en el cielo luego de todo lo que había pasado. David se dirigió a su trabajo... llegó tarde, pero el regaño había valido la pena.

La Batalla Final...
Por la misma hoja del Naranjo

El día siguiente era domingo, David y Matías se preparaban para ir a la iglesia. En el camino, el Cuervo... el mismo cuervo... se estrelló en el vidrio del auto. David logró maniobrar, el carro dió tres vueltas y se detuvo al chocar con la pared de un edificio. David agarró a Matías y lo abrazó mientras el carro daba vueltas. Una vez se detuvo, el área del accidente se llenó de personas, pero David seguía vivo, la ambulancia se los llevó a ambos y David despertó una semana después. Lo primero que hizo fue preguntar por Matías, pero los doctores no querían responder por su situación tan delicada. En cuanto no lo vigilaban David se despegó de las máquinas y los fluidos y adolorido cojeo por el hospital buscando a su hijo.

-Enfermera, por favor, dígame algo de mi hijo-
-Señor, usted no puede andar por ahí así-
-Enfermera, por favor, yo perdí a su madre hace seis años, y a quien fue como mi madre hace cinco,

no puedo perderlo a él, no después de todo lo que hemos pasado- la enfermera se conmovió, ella también había sido madre y había perdido a un hijo, ella lo llevó a la sala de cuidados intensivos donde estaba su hijo. Matías estaba lleno de vendas, conectado a un montón de máquinas, tenía moretones en todas partes, nada parecía justo, sintió en su corazón el mismo rencor que cuando lo llamaron para decirle que su esposa había muerto... un momento... el cuervo. Los policías que investigaron el accidente de su esposa dijeron que parecía como si algo se hubiera estrellado en el vidrio antes de que ella perdiera el control... creían que había chocado a alguien, pero no apareció ningún herido... fue él.

-Sí, fui yo, yo te hice dejar de creer, hace tantos años y te apuesto a que no estás creyendo mucho ahora, mira a tu hijo, de camino a la iglesia, ¿cómo deja tu dios que pase algo así?- Javier apareció a sus espaldas, tenía un carnet de visitante, lo dejaron entrar a ver a Matías. Entonces David recordó algo de lo que le había dicho su tía "no le hagas caso al empleado de la mentira, Dios te enseñará cómo combatirlo" y pensó en cómo había ayudado a las personas cuyas vidas Javier había destruido.

-No metas a Dios en esto, y mejor dime ¿qué quieres de mí? ¿Qué te pasa conmigo?-

-Tú estás destinado para grandes cosas, de mi lado tú y yo podríamos tener la ciudad a nuestros pies. Tienes una posición privilegiada, y es exactamente lo que necesito-

-¡Yo nunca trabajaría contigo! ¿No te has dado cuenta que me he pasado estos días enmendando tus errores?! Además, lo que haces está mal, no sé cómo no te han encerrado-

-No pueden encerrarme porque no hay nada en mi contra, yo nunca obligué a nadie a hacer nada-

-Pero destruiste sus vidas-

-Ellos lo hicieron, ellos decidieron burlar su tiempo, ellos son los únicos culpables, y si quieres burlar el tiempo de tu hijo tú también, vendrás conmigo-

David miró a Matías recostado ahí, más indefenso que nunca, él dejó morir a su tía, pero Matías era diferente, era todo lo que tenía, si te pidieran que sacrificaras lo único que tienes, lo que más quieres, tu razón de vivir ¿lo harías solo por hacer lo correcto?

-Iré contigo- David bajó la cabeza y siguió a Javier, este lo llevó a una casa abandonada, donde tenía fotos y recortes de todos los incidentes que había ocasionado con sus objetos malditos, no solo en esa ciudad sino en todo el país. David los miraba con detenimiento, cuando Javier lo llamó a una habitación secreta, que se abría con un scanner. Javier puso su muñeca en el scanner, traía un símbolo en el brazo que pertenecía a una secta antigua que adoraba a Eósforo.

-Necesitas uno de estos para poder entrar- David lo miró con odio y una lágrima corrió por su mejilla, le pasó el brazo a Javier y este lo agarró fuerte por la muñeca. David gritó de dolor, su muñeca se puso negra y la misma marca apareció en ella unos segundos después. David puso su muñeca en el scanner y le dió acceso a la habitación. Una vez dentro David se horrorizó con todo lo que había allí, se parecía al cuarto de la chica del ovillo, pero aún más sangre, símbolos en las paredes y un olor a podrido impresionante.

-Ok, ¿ahora qué?- dijo David casi aguantando la respiración.

-Necesito que me des control sobre el Senado-

-¡JA! Ahí te equivocas, yo no tengo control sobre el senado, creo que nadie lo tiene, si te soy sincero-

-Pero tú tienes acceso a ellos, solo necesito que vayas a la oficina del gobernador y le entregues esta hoja de naranjo- David tomó la hoja en sus manos y se llenó de rabia, es la misma hoja por la que dejó morir a su tía. Entonces vinieron a él todas las enseñanzas de su tía Hope, lo que aprendió en la iglesia desde pequeño, estaba traicionando todo en lo que creía.

-Entiendo, solo se la doy, ¿ y ya?-

-Por ahora sí, dile que es para hacer un té, para su gripe-

David salió de allí, y manejó en silencio hasta el hospital, veía la marca horrible que tenía en la muñeca y pensaba en lo que tenía que hacer.

Al día siguiente David pasó por el almacén antes de ir al trabajo, puso su muñeca en el scanner y entró a la habitación, Javier estaba en el centro sentado con las piernas cruzadas, cómo si lo esperara.

-¿Sabes qué? No voy a hacerlo, si a mi hijo le toca

morir ahora, Dios sabrá por qué se lo lleva-

-Dios no se lo va a llevar... me lo llevaré yo!- Javier se paró y se volteó hacia David y tenía la cara al revés como la chica del ovillo. David se asustó y retrocedió un poco, pero tomó aire y se enfrentó a él.

-Tú no puedes más que yo, mi rey es superior al tuyo, superior a todos y no puedes vencerme- Javier se enojó y corrió hacia él, pero cuando le faltaban solo dos pasos se detuvo, como si hubiera una pared invisible. -¡No sé cómo, pero pagarás por lo que has hecho!-

-Nadie me hará pagar por nada, la policía nunca me encontrará- Javier hablaba también con una voz grave y arenosa. -Y si las autoridades dieran conmigo, nunca te creerán que yo hice todo esto, nunca sabrán que manipulé a esas personas para ocupar sus cuerpos moribundos- David caminó hacia él, haciéndose encima, pero se paró cara a cara y lo tomó por el cuello, lágrimas corriendo por su rostro. Javier se rió a carcajadas y tomó el brazo de David para zafarse, pero no pudo, sentía como lo asfixiaba.

-A mi hijo no lo tocas, ¿sabes por qué mi mamá me

puso David? Porque mi tía Hope dijo que yo estaba destinado a derrotar gigantes, ahora yo vengo a tí en el nombre de Jehová de los ejércitos, el Dios de Israel, a quien tú has provocado- Javier empezó a temblar, su cara volvió a la normalidad y David lo arrojó al suelo, se puso pálido y tembloroso.

-Por favor no me mate, no me mate- lloraba Javier desde el suelo.

-Yo no soy como tú... puede entrar oficial- la policía entró con unos diez oficiales, estaban en el almacén esperando para entrar a la habitación, recogieron un Javier débil e indefenso, pero igual, a un Javier culpable.

-Yo no he hecho nada oficiales, se los juro- decía Javier tras una falsa tos.

-¿Ah que no?- David sacó su teléfono, con un video de una cámara que llevaba en la camisa y se vió y se escuchó la confesión completa de Javier. Los oficiales se lo llevaron y Javier murmuró.

-Igual se llevará a tu hijo-

David corrió al hospital donde estaba Matías y entró a su habitación, los doctores justo habían decidido desconectarlo, no había más nada que pudieran hacer por él.

-¿Me dejan un momento con mi hijo?- dijo David entrando despacio a la habitación, los doctores terminaron de desconectarlo y David lo cargó y se sentó cargando el cuerpo sin vida de su niño de nueve años. -Tú sabes que este niño es tuyo, aún cuando yo no creía en ti, tú lo cuidaste y lo libraste de todo, mi vida y la suya son tuyas, pero si es tu voluntad, devuélvelo a mí, hoy te pido que si no es su momento por favor me lo prestes un tiempo más, pero si lo necesitas te lo entrego- David bajó la cabeza y lloraba sobre el pecho de su hijo, entonces sintió una paz enorme, miró a su hijo y no respiraba, pero ya no estaba triste ¿cómo podía ser posible? Miró a su lado y allí sentada estaba la tía Hope.

-Lo hiciste David, te enfrentaste al gigante, y ganaste, sin importar lo que tuvieras que sacrificar, pusiste primero a Dios y esa es tu recompensa- la tía Hope los abrazó y puso su mano sobre la muñeca de David, y el símbolo que Javier había puesto se desvaneció, entonces la tía Hope se fue, pero con ella se fue la paz de David y este volvió a llorar desconsolado sobre el cuerpo de su hijo muerto.

-Papi, hueles muy muy feo- dijo Matías

empujándolo sin mucha fuerza. David, lo miró a los ojos y Matías parecía confundido. David lo abrazó fuerte y seguía llorando. -Papi en serio que asco- besó toda su cara y se reía. Lo dejó sentado en la cama y llamó a los doctores. Los doctores lo revisaban y no entendían, decían entre ellos que era un milagro.

Los milagros existen, son de verdad, pero varían en motivo, fuente y deidad. No te pido que creas en lo que encierra esta narración, solo que busques la verdad con alma y corazón, porque todo lo que pasa tiene una razón.

Lightning Source UK Ltd.
Milton Keynes UK
UKHW022005070621
385112UK00002B/577